ピンコロカルタ
100歳を生きる

横浜 のえる

郁朋社

ピンコロカルタ
一〇〇歳を生きる

ピンコロとは

ピンピン・コロリの略称である。
高齢者が存命中は「ピンピン」と元気に生活し　終末は「コロリ」と逝く。
誰でもが願う終末と考える。

イラストに好みの色でマイカルタ

あ

暗記して
脳さいぼうの
活性化

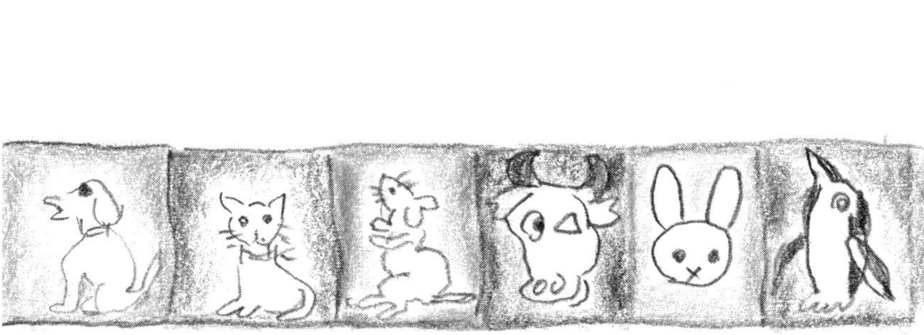

い

犬散歩
息が切れたら
そこまでよ

う

うかれすぎ
うまい話は
信じない

え

絵を見たら
個性的だと
ほめてみる

お

おつかいは
毎日歩き
少しずつ

か

階段は
降りる時だよ
要注意

き

気の病
晴れの日は外
深呼吸

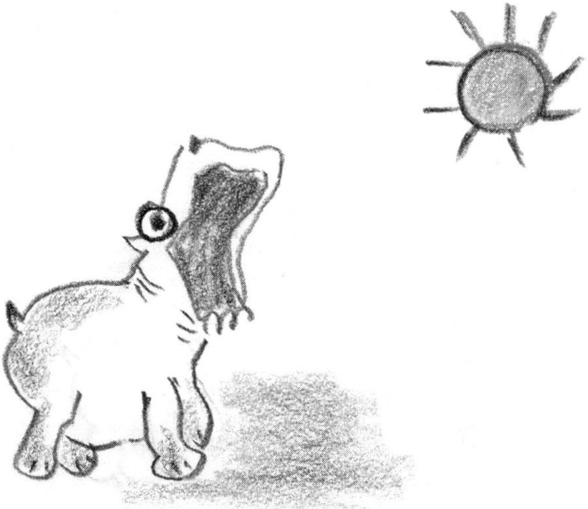

く

苦労して
ためたお金は
盗られるな

け

けちはだめ
自分みがきに
金つかう

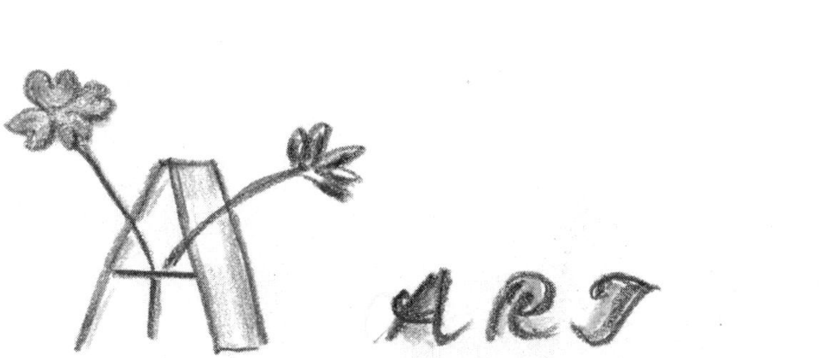

こ

今度また
それがないから
期待せず

さ

さくら咲く
四月は特に
外に出よ

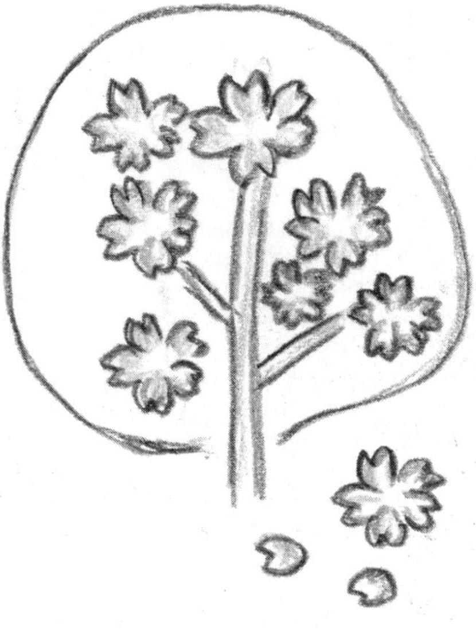

㋛

死んだふり
するのもいいが
一度だけ

す

すれ違い
夫婦も定年
おもいやり

せ

せっかちは
転ぶぞ危険
気をつけよ

そ

そいねする
となりはワンコ
ニャンコかな

た

たくわんを
バリバリ食べた
歯がこいし

ち

治安良し

日本良いとこ

老後安心

つ

つぎつぎと
百均で買う
便利もの

て

手をつなぎ
転ばぬように
ささえあい

㊣と

鳥の名を
十羽言えたら
百点だ

な

名を残し
富を残して
あなただれ

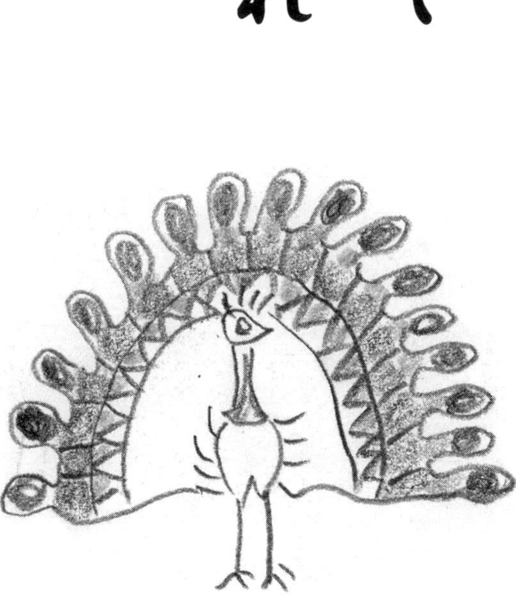

に

煮もの良し
大根・人参
里のいも

ぬ

ぬかに釘
こんな感じが
いい感じ

ね

寝顔見て
息をしてるか
手を当てる

の

脳みその
しわはなくなり
顔にでる

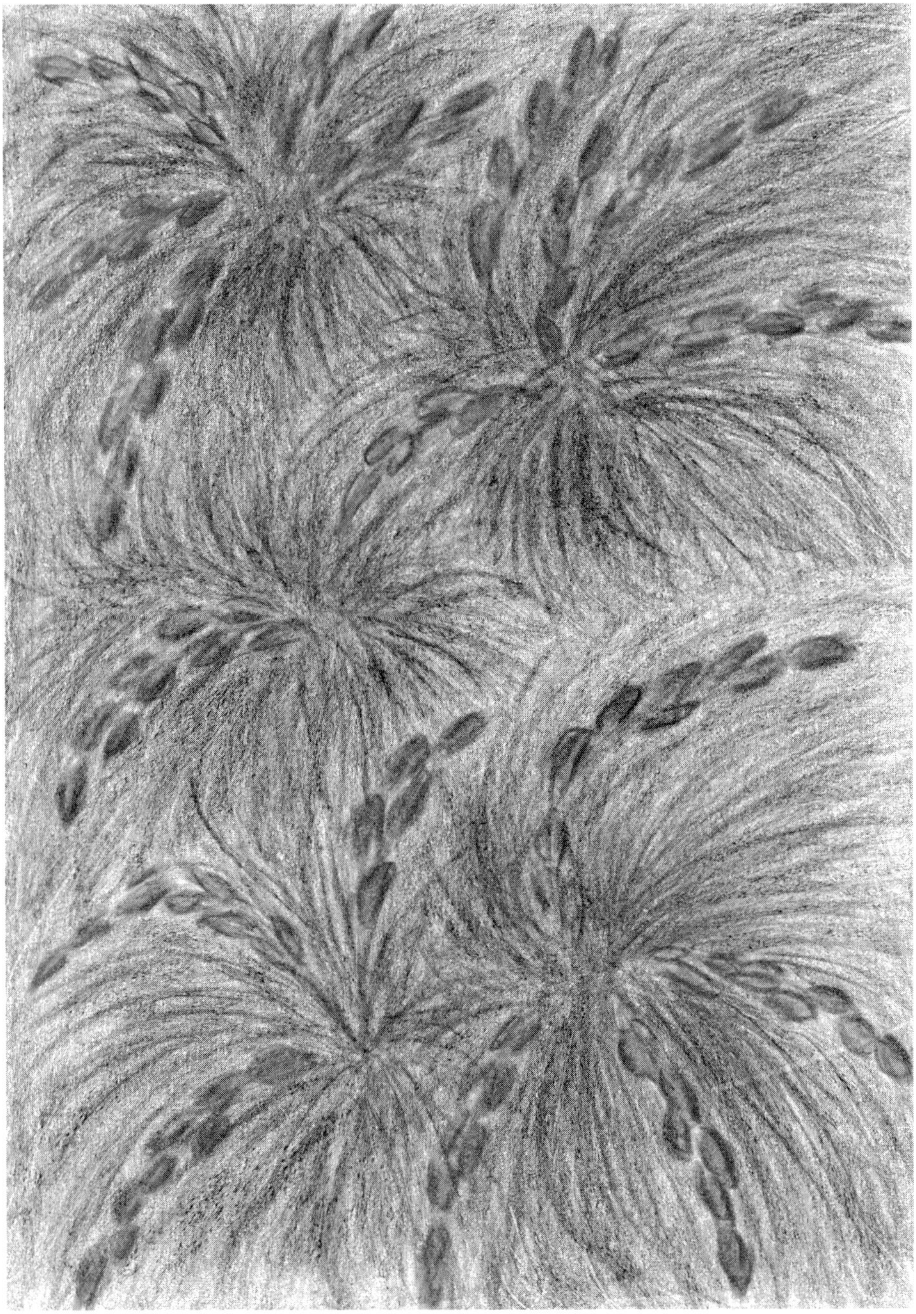

㊈

歯は命
セラミックより
自分の歯

㋪

昼寝する
三〇分が
ちょうど良し

ふ

ふらふらと
家を出ていく
怖さかな

へ

へそくりを
かくした場所は
どこだっけ

ほ

ほれたのよ
ほれられたのよ
なつかしい

ま

まあいいか
そんな感じで
ゆずりあい

㊊

ミスしても
みんな同じ
通る道

む

無理するな
年相応の
ゆっくりで

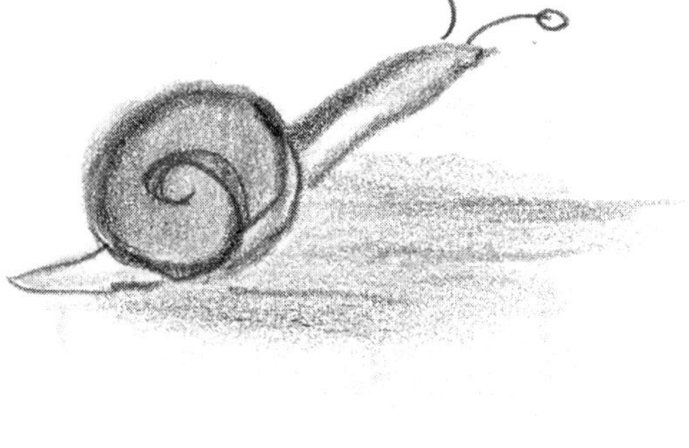

㋱

目も弱り
よけいなものは
見ぬがよし

も

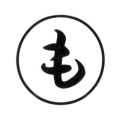

もう出来ぬ
見栄をはらずに
これでよし

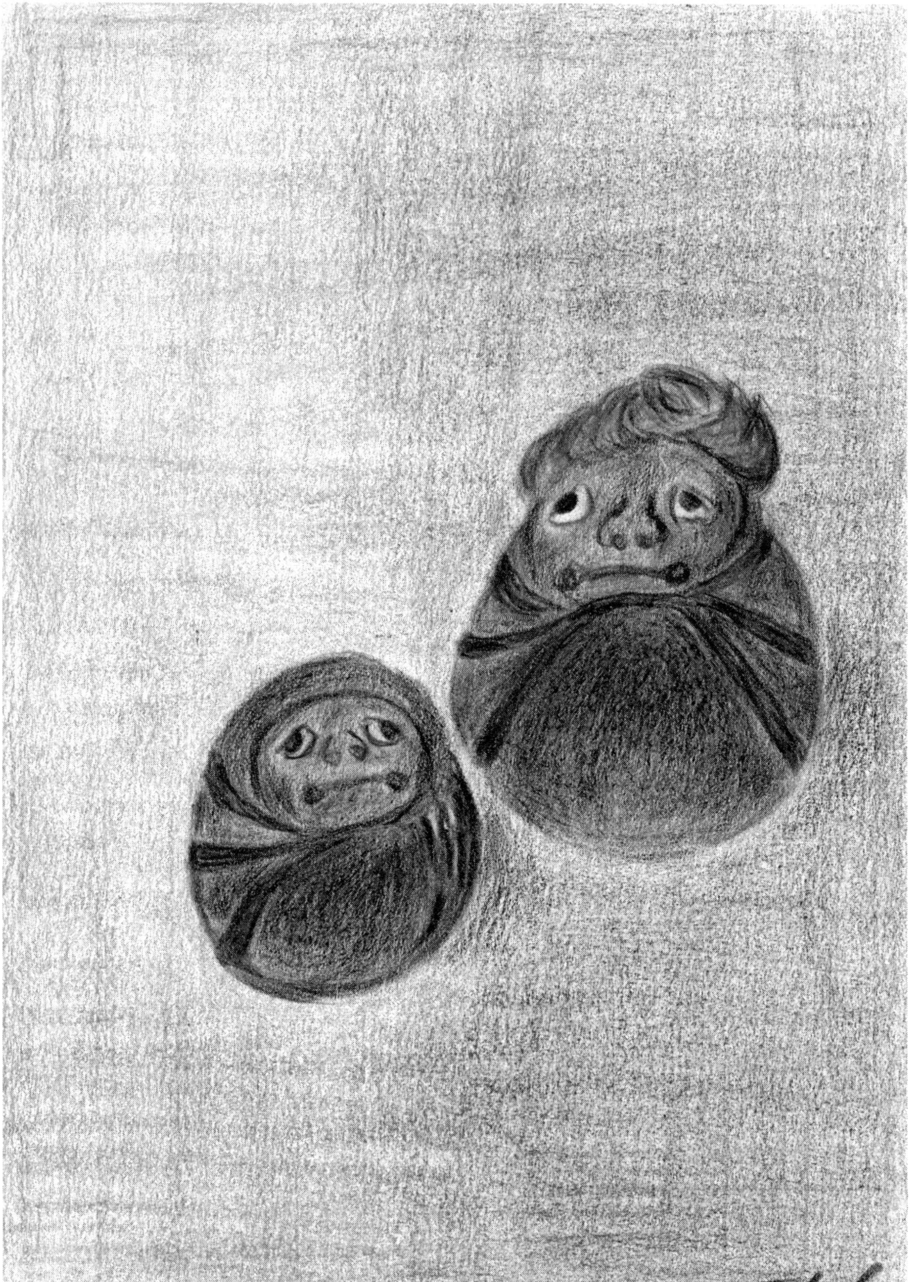

や

やきもちを
やいたやかれた
若き日よ

ゆ

湯につかり
てすりつかまり
百数え

よ

よそ見して
赤信号を
見落とすな

㋶

来年の
ことを言うのは
まだ早い

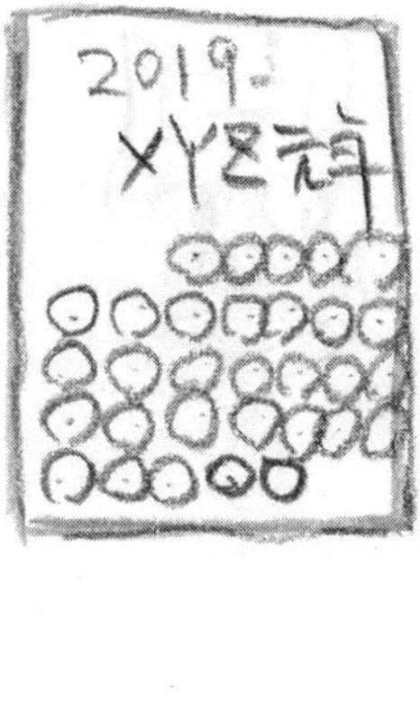

り

理屈なし
利口ぶらない
老いの日は

る

るす電は
常にセットで
サギ防止

れ

連絡は
家族のきずな
合言葉

ろ

老人の
知恵を生かせよ
次世代へ

わ

私なら
年より若いと
鏡見る

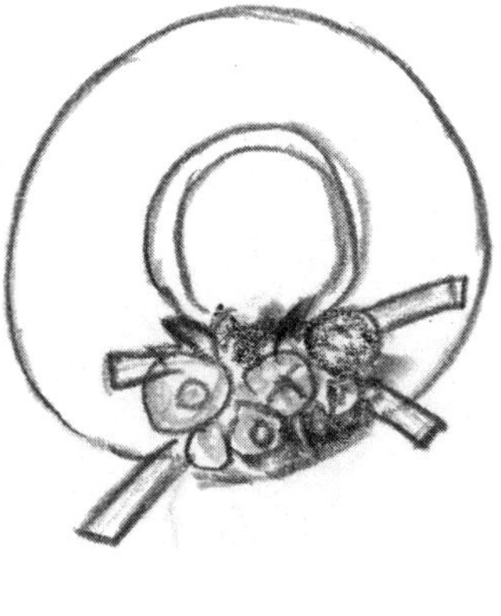

あとがき

人生一〇〇歳時代（大正七年生まれが今年は一〇〇歳）。
明治・大正・昭和・平成、来年の新しい年号が待たれる今日この頃である。
医療と生活様式、健康への意識改革に依り一〇〇歳以上の人が六万五千人を超え、ニュースにもならない時代となった。年をとるって怖くないよ。年をとるって楽しいよと言いたい。
今春七〇代のゴルフ仲間と長野県を旅し、佐久平の成田山参道にある「ピンコロ地蔵」をお参りした。高齢者が存命中は「ピンピン」と元気に暮らし、あちらの世界からお迎えがあったら「コロリ」と逝く。誰もが願う理想の終末ではないだろうか。「ピンピンコロリ」、ピンコロ地蔵のお参りがツアーにも組みこまれる昨今である。私がお参りをして、自分の現世があとどのくらいかなと思った時「ピンコロカルタ」の構想が浮かび、五・七・五の川柳風のカルタが出来上り、小さな本の出版の運びとなった。
年をとることは自然の流れ。流れに逆うことなく「ピンコロカルタ」で遊びながら脳細胞を活性化し一〇〇歳まで元気に面白おかしくいっぱい笑いましょう。
私も一〇〇歳、あなたも一〇〇歳。

二〇一八年九月吉日　横浜のえる

ピンコロカルタ　―― 100歳《さい》を生《い》きる――

2018年11月4日　第1刷発行

著　者 ― 横浜《よこはま》 のえる

発行者 ― 佐藤 聡

発行所 ― 株式会社 郁朋社《いくほうしや》

〒101-0061　東京都千代田区神田三崎町 2-20-4
電　話　03（3234）8923（代表）
ＦＡＸ　03（3234）3948
振　替　00160-5-100328

印刷･製本 ― 日本ハイコム株式会社

装　丁 ― 宮田 麻希

郁朋社ホームページアドレス　http://www.ikuhousha.com
この本に関するご意見・ご感想をメールでお寄せいただく際は、
comment@ikuhousha.com までお願い致します。

 ISBN978-4-87302-686-2 C0092